Sabrina Eilers
Gedichte zum Verweilen
Band, Nr.**1**

AF235932

Sabrina Eilers

Gedichte zum Verweilen

Sammlung (1988-2020)

Lyrik

Impressum

Texte: © 2021 Copyright by Sabrina Eilers
Umschlag: © 2021 Copyright by Sabrina Eilers
Verantwortlich
für den Inhalt: Sabrina Eilers
                14532 Kleinmachnow
                info@sabrinaeilers.com

Herstellung und Verlag: BoD – Books on Demand,
Norderstedt
ISBN: 978-3-7534-0721-0

Momente zum Innehalten und Verweilen

Inhalt

Träume und Gedanken

Es ist ein überwältigendes Gefühl
Beschwingt, besorgt und dennoch
glücklich, dass ich dich tragen darf.

Das Gefühl von beschützen wollen,
eine Umarmung in Gedanken,
hat es nun doch sein sollen,
dass ich gelange ins Wanken?

Wann ist es endlich soweit,
ich fühle mich jetzt schon bereit
und dennoch muss ich mich gedulden
im Bewusstsein, dass du noch nicht so weit
bist.

Ein neuer Abschnitt wird entstehen,
sicher nicht nur Opfer bringen,
sondern Verantwortung für ein neues
Leben, das ich voll Ehrfurcht beschützen
werde.

Glückseligkeit

Die Sonne blitzt hinter den Wolken
hervor,
viele Kinder schauen empor.
Der Himmel scheint blauer denn je
Und alle schreien juchhe.

Der Baum fängt sogleich an zu blühen,
ganz fröhlich sind alle im Grünen
Das Picknick schmeckt gleich ganz
wunderbar, die Menschen sie singen
Halleluja.

Der Frühling ist endlich ins Land gezogen
Die Tiere und Menschen sind ausgeflogen.
Spaß und Freude für jedermann
Zeigt uns allen, wie schön es sein kann.

Ablauf der Zeit

Ein Schwanken, was dich so manches
Mal erfüllt.
Es ist das Gefühl, das umhüllt.
Deine Seele im unerlässlichen Sein.

Ist dies, was wir nennen das Leben
Mit seinen verschiedenen Seiten
Und wir versuchen zu geben
Oder sind dies nur Torheiten?

Ein Aufschrei, eine Ohnmacht,
die Uhr der Zeit uns schlägt,
man endlich erwacht
und den eigentlichen Sinn erwägt.

Phantasie, Genuss und Erlebnisse
Phasen der Altersabschnitte,
die wir durchlaufen
jeglicher Schritt ein Stück Weisheit
und der Wechsel der Generationen.

Frühling

Es sprießen froh die Blumen ,raus
Und jedermann ist nicht im Haus,
denn er genießt voller Lust und Gier
die himmlische Zeit mit einem Bier.

So sitzt man dann in Hof und Garten,
im Wald auch unter schönen Schatten,
entspannt und fröhlich aufzuatmen,
hey, was ist das, was wir erwarten.

Es ist die Sonne, die uns lockt,
sie scheint ganz warm mit ihren Strahlen;
was neckt und wir uns darin aalen.
Sie strahlt, sie lacht,
jetzt ist der Vogel aufgewacht;

er zwitschert fein dazu im Takt,
trali trala, wer hätte das gedacht.
Der Frühling ist's mit seinen Tönen,
er gibt uns Kraft und neues Leben.

Krieg

Heraus gefallen aus dem Traum,
böses Erwachen im Raum.
Entsetzen über das, was geschah;
Und dennoch weiß niemand was war.

Das Land ringsherum ist zerstört,
ein Leben unmöglich geworden.
Die Menschen sind völlig verwirrt
Und das schwarze Licht erscheint am
Morgen.

Die Erde erlischt in dem Grauen,
denn das Öl schlingt um sie die Klauen.
Kein Tier und kein Mensch überlebt,
die Zerstörung durch Politik wurd' erwägt.

Was bleibt nun zu guter Letzt?
Das frag' ich mich ganz entsetzt.
Die Zukunft wird wohl so weitergehen
Ich kann nur hoffen, einer wird überleben.

Lebensphasen

Mein Gott, so ist nun endlich der ersehnte
Tag gekommen,
man hat schließlich lang genug gewartet,
bis der Moment ist nun errungen,
indem der Ernst des Lebens startet.

Ich bin endlich erwachsen, so meint man,
doch so schnell ist es auch nicht getan,
denn es wird noch vieles auf einen
zukommen,
dass bisher an Erfahrung noch nicht
gewonnen.

Ein manches Mal wird man sich fragen,
was ist das Besondere nun mit 18 Jahren?

Im Grunde genommen ändert sich nicht
sehr viel,
auch wenn viele sagen, das ist das erste
Ziel.
Leider bleibt die Zeit nicht stehen,
das wirst du merken, es wird geschehen.

Später erinnerst du dich gern zurück,
wie es war bei den Eltern, welch' Glück;
alles war ganz behütet und ohne Sorgen,
bis der Schritt kommt, in die Welt von
morgen.

So steht dir jeder Weg noch offen,
du kannst jetzt träumen, hoffen,

dass der ersehnte Augenblick wird
kommen,
wo du den Weg wirst selbst erklommen.

Doch glaub' mir, genieß diese Zeit,
es ist ein Abschnitt, der im Gedächtnis
bleibt.

Liebe

Viele Schätze der Welt
benötigen so manches Geld.
Doch einen gibt es, das weiß ich,
kein Gold, kein Geld erweist sich.

Es ist der Schatz der Liebe,
den wollten schon viele Diebe.
Ihn zu besitzen ist eine Gabe
Wer ihn hat, trägt ihn zu Tage.

Unermüdlich sind die Menschen auf der
Suche
Und sie starten so viele Versuche,
um ihn endlich zu erlangen,
doch manchem ist es schlimm ergangen.

Dieser wunderbare Schatz,
findet nicht überall seinen Platz.
Es kostet uns viel Anstrengung,
doch auch Ermunterung.

Wenn man ihn dann gefunden hat,
ist es wie eine gute Tat.
Man empfindet die schönsten Gefühle
Und kostet aus, die Liebe.

Die Liebe hat eine große Bedeutung,
sie prüft jede Gestaltung.
Ist die Gabe völlig erfüllt
So ist man sofort in sie verhüllt.
Drum' suche auch du die große Liebe

Und verteile ihr nie die Hiebe,
sonst weicht sie schnell aus dir heraus.

Sehnsucht

Es sind viele Tage vergangen
Und die Sehnsucht erwacht im
Morgengrauen,
wir zu der Einsicht gelangen,
der Natur voll und ganz zu vertrauen.

Die Wipfel der Bäume uns erscheinen,
da die Sonnenstrahlen leuchten
und uns zu sagen vermeinen,
hier, seht her, was ihr habt,
die Natur euch bescheret hat.

Ein Wunder dieser Schönheit,
es lässt uns den Atem rauben
und sich fühlen wie befreit
sich ausgeruht zu glauben.

Der Genuss sich zu laben
An derlei wunderbaren Gaben,
die die Natur uns zeigt
und hoffentlich auch noch so bleibt.

Es sind wir, die die Natur so quält,
wenn sie uns doch so manches Mal erzählt,
wie sie in ihrem Antlitz uns zeigt,
ihre Schmerzen, ihre Pein,
das kann nicht sein.

Wir sind erschrocken,
wenn es zu spät.
Die Generation es nicht mehr erlebt,

welch wahre Kraft in der Natur steckt
und traurig sie in alten Bildern schwelgt.

Winter

Ich blicke in einen verschlafenen Ort,
wo Kirchtürme blitzen und man hört kein
Wort.
Das einzig' Geräusch, was mich verfolgt,
ist das Knirschen des Schnees, der vor mir
rollt.

Ganz kleine Bällchen rollen voran,
verbleiben am Rand und verkrusten
sodann.
Die Schneeflocken rieseln immer weiter
herab,
sie fallen still und leise hinab.

Der letzte Skifahrer ist auch heimgekehrt,
seine Familie er nun beehrt;
man guckt durch gefrorene Fenster
und sieht rosige Gesichter.

Ich öffne die Tür eines Hauses,
ein Geruch eines köstlichen Schmauses,
mich einlädt in fremde Stuben,
wo Lachen und Fröhlichkeit toben.

Wind

Unbeständig schießt er,
durch die Bäume, durch die Kronen
bis zum Berge her,
wo er scheint zu wohnen.

Dort, so scheint er überall zu sein
Und fängt an zu winden fein.
Der Wind, ein Lüftchen ganz erfrischend,
fliegt durch die Gräser zischend.

Mal ganz kalt und unerwünscht,
ein andermal sehr warm und frisch,
so zieht er denn durch alle Lande
zum Meer und über viele Sande.

Er ist und bleibt ein Phantomgebilde
Und dennoch führt er oft im Schilde,
die Dächer mit den Ziegeln
ganz einfach abzustriegeln.

Oft macht er Menschen arm
Und weht über jede Farm.
Hinterlässt er doch die Spuren
Und lässt die Menschen niemals ruhen.

Vorgaben

Mutter sagt immer: „Mach' das nicht."
Vater sagt immer: „Gib' acht auf dich."
Ich sage: „Halt', so geht das nicht."
Wichtig bin immer ich für mich.

Mein Boss sagt: „Nein, so macht man das nicht."
Die Ehefrau sagt: „So isst man nicht."
Die Mutter mischt sich wieder ein
Und Vater sagt: „Ach Junge, lass' sein.

Am Ende sind auch noch Kinder da,
die sagen, hey Papa, was machst du da.
Endlich kann ich nun auch etwas sagen,
obwohl mich quälen nun doch die Sorgen.

Vaterrolle

Was es heißt ein Vater zu sein,
das hat zumindest den Anschein,
es wäre nicht schwer.
Doch so manch einer irrt, wenn er dies
sagt,
denn auch dem Vater behagt,
seine Rolle ernst zu nehmen.

Es ist die beschützende Art,
die einfach unumgänglich für das Kind,
die richtige Gabe bringt.

Auch seine Liebe ist nicht zu vergleichen,
denn die Mutter allein kann nicht
erreichen,
den Vater sowohl mit Güte als auch
Strenge zu vertreten.

Es ist ein ganz besonderer Platz,
der dem Vater gebühret,
denn er ist ein ganz eigener Schatz,
der die Kostbarkeiten im Herzen führet.

So will man denn sagen,
aus eigenem erfahren,
dass ein Vater hier,
vom Nordpol bis nach Trier,
ganz gleich wo,
an jeder Stelle ist, was bin ich froh.

Verkehrte Welt

Verkehrte Welt oder Fiktion?
Ausländerhass und Aidsproblem.
Wo bleibt hier nur die Reaktion.
Ist das den Menschen genehm?

Krieg und Hunger leidet die Welt.
Erdbeben, Unfälle. Schicksale gefällt.
Lügen, Affären und Scharlatan,
was haben die Menschen sich angetan?

Elefantenmord, Quälerei, Heuchelei
Das ist dem Menschen einerlei.
Mach' doch was, steh' nicht und gaffe,
greift' jeder nur noch zur Waffe.

Verwirrung

In dir schwelgt ein Ausdruck
Wie willst du ihn nennen?
Ein Taktieren und fixieren,
was für ein strenger Blick.

Ist es die Kraft und Energie,
die sich eingeschlichen hat
oder ist es die Angst,
ein Moment der Magie?

Unrealistisch wirkt die Gestik,
Mimik erscheint wie Plastik.
Sinne zerfließen wie Lava,
unfassbar scheint das Ganze.

Versetzt in eine andere Welt,
manches sich schon erhellt,
doch vieles unklar scheint
und sich in dem Ausdruck vereint.

Unbekannt

Es ist das Neue, was dich umgibt.
Ist es aufregend sonderbar
Oder scheint es fast bedrückt.

Hin und her, gerissen ins kalte Nass
Fast wie ein Sprung zum Hass.
Das Gefühl dich umfängt,
es sei so vergänglich
und doch hat es sich um dich gehängt,
wie ein Vorhang frisch und sommerlich
oder täusch' ich mich?

Sind es die Schatten, die mich umgeben
Oder die Wogen, die sich stets bewegen.
Ein ständiges Auf und Ab von Gefühlen
Hinreißend wie das Meer,
was in der Glut des Sonnenballs glitzert
und im tiefen Blau versinkt.

Lass' es zu, lass' es geschehen,
erst am Ende wirst du verstehen,
was in dir vorgeht und du versuchst
zu verweilen,
in dem Augenblick der Einsicht.

Nacht

Der Weg in die dunkle Nacht
Verführt in ungewisse Macht.
Das Rauschen der Bäume
Der Regen den Tönen von
Trommeln gleicht
Und ich dann umherirre
Obwohl der Weg doch ist so leicht.

Jeder Schritt fällt schwer
Ich fühle mich leer.
Was für ein Moment
Indem sich meine Glieder
Füllen mit ängstlichen Gedanken
Die kehren immer wieder
Und bringen mich zum Wanken.

Plötzlich sehe ich dort ein Licht
Die Reflektion meine Augen
durchbricht.
Dieses Licht gibt mir halt
In diesem dunklen Wald
Und führt mich zurück in die Welt
Alles um mich herum erhellt.

Trotzdem war da der Moment
Angst hatte sich breit gemacht
in der dunklen Nacht

Doch jetzt bin ich wieder eins
Geist und Seele vereint
mit leichtem Gefühl und Gedanken
dafür möchte ich danken, denn das
Licht gibt mir Kraft und ich hab' es
geschafft.

Erzähl mir was...

Erzähl' mir was, so dies und das,
vom Leben, dass du mir gegeben.
Es bedeutet doch so viel,
so unendlich, facettenreich und mächtig.

Das Leben ist ein Wunderbaum,
ein Traum, den du manchmal wünschst,
doch auch ein Hoch und Tief,
dass sich manches Mal als Alptraum
einschlich.

Aber es ist auch das Leben jedermann,
der darüber empfindet und denkt,
wie es wohl sein kann,
im rechten Moment.

So ist das Leben doch zu kurz,
um zu entdecken und zu lernen,
zu wissen und zu geben, zu nehmen
und zu klagen.

Darum lehrt man dich
Genieße deine Tage, deine Jahre,
die du hast auf Erden,
da wir alle niemals wissen werden,
ob wir uns einmal wieder sehen
in vielleicht einem anderen Leben.

Erzähl' mir was,
erzähl' jemand etwas,
vor allem tu' etwas,
genieße dieses Leben,
dass für einige kurze Zeit
ein Geschenk des Himmels bleibt.

Für Dich

Ohne dich scheint der Alltag leer,
ich finde du bist viel mehr;
dafür gibt es keine Beschreibung
das ist der Grund meiner Entscheidung.

Die Worte zu schreiben fällt mir schwer,
es ist, als wäre mein Kopf ganz leer.
Ich bin durch dich ganz benommen,
ich glaube, du hast mein Herz gewonnen.

Das Herz allein ist es nicht,
ein Gefühl, das hoffentlich nicht bricht;
so denke ich an deine Taten
und will dir damit verraten,
dass du bist mein treuester Freund.

An deiner Seite fühle ich mich,
so wohl, so behaglich, so unbeschwerlich.
Ein manches Mal das Geld uns fehlt
Und dennoch die Not uns zusammenhält.

Empfinde ich große Sehnsucht nach dir,
wenn du des Abends spät bist bei mir;
dann kuschelst du dich an mich heran
ich bin ganz entzückt und schlaf' sodann.

Sofort ist die Ruhe in mein Herz gekehrt,
denn du bist da und ich fühl' mich begehrt.

Liebe

Viele Schätze der Welt
benötigen so manches Geld.
Doch einen gibt es, das weiß ich,
kein Gold, kein Geld erweist sich.

Es ist der Schatz der Liebe,
den wollten schon viele Diebe.
Ihn zu besitzen ist eine Gabe
Wer ihn hat, trägt ihn zu Tage.

Unermüdlich sind die Menschen auf der
Suche
Und sie starten so viele Versuche,
um ihn endlich zu erlangen,
doch manchem ist es schlimm ergangen.

Dieser wunderbare Schatz,
findet nicht überall seinen Platz.
Es kostet uns viel Anstrengung,
doch auch Ermunterung.

Wenn man ihn dann gefunden hat,
ist es wie eine gute Tat.
Man empfindet die schönsten Gefühle
Und kostet aus, die Liebe.

Die Liebe hat eine große Bedeutung,
sie prüft jede Gestaltung.
Ist die Gabe völlig erfüllt
So ist man sofort in sie verhüllt.

Drum' suche auch du die große Liebe
Und verteile ihr nie die Hiebe,
sonst weicht sie schnell aus dir heraus.

Kind

Du gibst mir Kraft und das Leben,
es ist schön, alles für dich zu geben.
Ich bin ganz verliebt in deine Art
Deine Haut, die ist so zart.

Dein Lachen, deine Blicke mich beglücken,
du bist mein ganzes Entzücken.
Der Augenblick ist der Moment,
der eine andere Bedeutung erhalten;
ich koste ihn aus und will ihn festhalten,
doch das gelingt nur in meinen Gedanken.

Leider kann die Zeit nicht stehen bleiben,
das wäre wahrscheinlich auch langweilig,
denn du musst auch dein Leben erleben,
die vielen Phasen ausprobieren.

Du gibst mir einen neuen Sinn für das
Leben,
denn ich bin stolz das mitzuerleben,
was für dich jeden Tag ein neuer Schritt ist,
ist für mich der Moment, den du für mich
bedeutest.

Du bist ein strahlender Sonnenschein,
ein Lächeln, ein Traum,
Du erfreust dich an jedem Baum,
es ist so schön, mit Dir zu sein.

Mutterliebe

Kleine Liebe, große Liebe
Doch Mama gibt die Mutterliebe.
Niemals ist sie austauschbar,
für jeden einen wunderbar.

Sie heißt bei Schmerz und Leid
Und rühmt der Mama Tapferkeit.
Sie hat es redlich wohl verdient,
denn niemand hat so treu gedient.
Sie ist und bleibt ein Herzensengel,
ihr Auge wacht am Sternenhimmel.

Weil ihre Liebe ist so stark
Und sie so lange ausgeharrt,
möcht' ich jetzt hiermit nur beweisen,
sie immer hoch zu preisen.

Geliebter

So erlebe ich mit dir so manche Stunde
Und du küssest mich mit deinem Munde
So unbeschreiblich zart.

Ich ging dann wie auf rosa Wolken
Und schritt auf sanften Füßen dann
Zu dir, zu meinem zukünftigen Mann.

Ich bin so, voller Glück und Taten
Und möchte dir sogleich verraten,
dass ich nie möchte sein
ganz ohne dich, das heißt allein.

Drum' bitt' ich dich in großer Liebe,
verteile mir niemals die Hiebe,
denn sie zerstören oft die Zweisamkeit
und übrig bleibt dann nur die Einsamkeit.

18

Auf diesen Tag hast du lange gewartet,

endlich 18 – es ist soweit.

Doch was wird in Zukunft anders sein?

Du darfst Auto fahren ganz allein,

Verträge unterschreiben, wählen gehen.

Du alleine trägst jetzt die Verantwortung für dein

Leben,

mach` das Beste daraus!

Bleib' wie du bist, ehrlich und dir selber treu,

geh aufrecht deinen Weg,

genieß` das Leben, das auf dich wartet.

Wir wünschen dir:

Mut, Stärke, Gradlinigkeit,

Glück, Freude, Sonnenschein!

Alles Gute zum 18., daheim.

Heute nun endlich ist es soweit,

wie schnell verging die Zeit.

Nun darfst du Auto fahren und wählen gehen,

wenn es Probleme gibt, wir werden immer zu dir stehen.

Freu' dich auf das Leben, das vor dir liegt,

wirst du auch manches Mal scheinbar besiegt.

Mach dein eigenes Ding und lass' dich nicht beirren,

lass dich nicht unterkriegen und nicht verwirren.

Das Leben hält noch viel Schönes für dich bereit,

genieß alles und freu' dich auf die kommende Zeit.

Weihnachtsstimmung

Der ersehnte Abend naht,
mit Vorfreude, die man jetzt schon hat.
Die Bescherung ist es, auf die alle
Menschen warten,
der Moment, den alle können kaum
erwarten;

doch am schönsten ist dennoch das Eine,
das Familienglück, jedem das Seine.
Im Kreis, der Lieben und Bekannten,
umgarnt von Onkel und von Tanten;

ein fröhlich Lachen durch den Raum geht,
das köstliche Essen uns zu Tische lädt.
Doch vorher uns der Weihnachtsbaum,
auf Geschenke und Schönes lässt schauen,

ein helles Leuchten der Kerzen,
ein Teddy, eine Kugel, entzückt unsere
Herzen.
Die schönen Geschenke, liebevoll
verpackt,
auch Plätzchen wurden gemacht.

So seht' all die Mühe, die uns wird
bescheret,
drum möcht' ich, dass ihr euch jetzt
erhebet,
seid' friedlich und glücklich zueinander,
solange wir leben beieinander.

Laut gedacht an Weihnachten

Das Jahr neigt sich dem Ende
Es ist wie eine Wende.
Corona hat uns fest umschlungen
Und haben wir das Jahr gerungen.

Nun steht der Weihnachtsbaum
Man glaubt es kaum.
Die Zeit ist schnell verrannt
Und wir blicken gebannt
Auf unseren Tannenbaum.

Das Jahr hinterlässt seine Spuren
Viel geschah, und auch Sorgen.
Genommen liebe Menschen,
den Alltag sich durchkämpfen.

Doch Hoffnung setzen wir nach vorn
Sie kommt in jeder Form.
Denn wünschen wir sehr wohl
Ein Corona Ende als Symbol.

Was bringt uns dieses Weihnachten 2020?
Geselligkeit in kleinem Kreis
Doch ist das nicht auch einzig?
In dieser Art und Weise?

Wir wollen nicht verzagen
Uns doch wohl sagen
Dass das, was wir hier haben
Ein Segen ist: das Leben.

Drum lasst' uns diese Zeit zusammen
In unseren Herzen leuchtend flammen.
Genießen das, was ist,
dass Beisammen sein es ist.

Fehlen hier darf nicht
Auch dieses Gedicht.
Das Essen duftet
Beim Plätzchenbacken viel geschuftet.

Doch ist es eine Wonne
Zu sehen, was ich dafür bekomme.
Ein Lächeln, ein Innehalten,
können wir vielleicht etwas abschalten.

Wir sind soweit gesund
Tut dieser Test uns kund.
Drum' lasst' uns jetzt zu dieser Stunde,
Das Glas in Ehren erheben
Und die Weihnacht nun erleben.